RANIERO CANTALAMESSA

Morte, minha irmã

EDITORA
SANTUÁRIO

Direção editorial: Pe. Flávio Cavalca de Castro, C.Ss.R.
Pe. Carlos Eduardo Catalfo, C.Ss.R.
Coordenação editorial: Elizabeth dos Santos Reis
Tradução: Pe. Flávio Cavalca de Castro, C.Ss.R.
Coordenação de revisão: Maria Isabel de Araújo
Revisão: Luana Galvão
Diagramação e Capa: Bruno Olivoto

Título original: *Sorella Morte*
Editrice Ancora. Milano
ISBN 88-7610-385-6

**Dados Internacionais de Catalogação na Publicação (CIP)
(Câmara Brasileira do Livro, SP, Brasil)**

Cantalamessa, Raniero
  Morte, minha irmã / Raniero Cantalamessa; tradução de Flávio Cavalca de Castro – Aparecida, SP: Editora Santuário, 1992.

  ISBN 85-7200-123-9

  1. Morte – Ensino bíblico I. Título.

92-2919   CDD-236.1

Índices para catálogo sistemático:
1. Morte e vida: Ensino bíblico: Doutrina cristã 236.1
2. Mortos: Doutrina cristã 236.1

9ª impressão

Todos os direitos em língua portuguesa
reservados à **EDITORA SANTUÁRIO** – 2019

Rua Pe. Claro Monteiro, 342 – 12570-000 – Aparecida-SP
Tel.: 12 3104-2000 – Televendas: 0800 - 16 00 04
www.editorasantuario.com.br
vendas@editorasantuario.com.br

Morte, minha irmã

*"Louvado sejas, meu Senhor,
pela nossa irmã
a Morte corporal,
da qual nenhum homem
vivente pode escapar:
ai daqueles que morrerem
em pecados mortais;
felizes os que ela encontrar
na tua santíssima vontade,
aos quais a morte segunda
nenhum mal poderá fazer."*

São Francisco de Assis,
Cântico das Criaturas

1
"Ensina-nos a contar os nossos dias..."

Há dois modos de considerar a morte. Há o modo *sapiencial* que encontramos na Bíblia e também na filosofia, nas religiões e na poesia. E o modo mistérico, ou *pascal*, que só encontramos no cristianismo. No primeiro caso temos a morte como *pedagoga*; no segundo, a morte como *mistagoga*, que nos introduz no mistério, sendo ela mesma parte do mistério cristão. Como a graça pressupõe a natureza e a transcende, sem a negar, também a consideração mistérica ou pascal da morte ilumina e supera sua consideração natural sem, porém, a tornar inútil. Podemos ainda dizer que ambas as perspectivas se relacionam como o Antigo e o Novo Testamento. O Antigo Testamento oferece-nos uma visão sapiencial da morte; o Novo, uma visão mistérica, cristológica e pascal.

Consideremos, pois, a morte primeiramente em sua perspectiva sapiencial. Não é o caso de fazer uma longa apresentação sobre a atitude das diversas culturas e religiões diante da morte. Nossa finalidade não é esbanjar erudição sobre a morte. Ri-se a morte de todos os nossos esforços se assim a tentamos domesticar. Ela, aliás, é o fim de toda a erudição. Antes que consigamos elencar todas as opiniões sobre ela, ei-la que chega em pessoa e já não precisamos da opinião de outros. Interessa-nos aprender a "sabedoria do coração" para sermos sábios e conscientes, preparando-nos e tornando-nos senhores de nossa morte, rompendo a conspiração de silêncio que a cerca.

Eu dizia que o Antigo Testamento nos oferece uma visão essencialmente sapiencial da morte. De fato, da morte se fala diretamente apenas nos livros sapienciais. Jó, Salmos, Eclesiastes, Sabedoria, todos esses livros dão muita atenção ao tema da morte. *"Ensina-nos a contar os nossos dias* – diz um salmo – *e chegaremos à sabedoria do coração"* (Sl 90,12).

O Eclesiastes inicia seu capítulo sobre a morte com estas palavras: *"Há um tempo para nascer e um tempo para morrer"*, e termina dizendo: *"Tudo veio do pó, e ao pó tudo vol-*

ta" (Ecl 3,2.20). *"Ilusão, pura ilusão! tudo é ilusão"* é sua última palavra (Ecl 12,8). A velhice é sugerida pelos seus efeitos: o abafar-se dos ruídos, o enfraquecer-se das luzes, o medo das alturas, a insegurança dos passos... O homem que morre é comparado a uma lâmpada que se quebra e se apaga, a uma ânfora que se rompe na borda da fonte, à roldana que se quebra deixando o balde cair no poço (veja Ecl 12,1-8). Por que nascemos? Por que morremos? Para onde vamos depois da morte? São perguntas que para o sábio do Antigo Testamento tinham apenas esta resposta: Deus assim o quer; e depois de tudo haverá o julgamento.

O Sirácide inicia seu tratado sobre a morte com estas palavras: *"Ó morte, quão amarga é tua lembrança!"* E procura consolo dizendo que a morte é destino de todos; que é decreto do Senhor; que viver dez, cem ou mil anos não muda nada, pois que no fim será preciso morrer (veja Eclo 41,1s).

A Bíblia lembra-nos das opiniões ainda mais inquietantes dos incrédulos do tempo: *"Curta e triste é a nossa vida; não há remédio quando chega o fim do homem e não se conhece ninguém que tenha voltado da morada dos mortos. Pois, por acaso nascemos e, depois, seremos como se não tivéssemos existido"* (Sb 2,1s). Somente neste livro da Sabedoria, que é o mais recente dos livros sapienciais, a morte começa a ser iluminada pela ideia de uma retribuição ultraterrena. Como se pensa, as almas dos justos estão nas mãos de Deus, ainda que não se saiba o que isso exatamente possa significar (veja Sb 2,23). É verdade que em um salmo se pode ler: *"É preciosa aos olhos do Senhor a morte de seus fiéis".* Não podemos, porém, apoiar-nos demais sobre esse versículo tão explorado, porque seu significado parece ser outro: Deus cobra caro a morte de seus fiéis; ou seja, é o vingador que pede contas.

2
Ser-para-a-morte

Como dizia, do ponto de vista sapiencial as respostas da Bíblia não diferem essencialmente das respostas das sabedorias profanas. Aliás, há uma disciplina que se começa a ensinar nas universidades: a Tanatologia. Disciplina que estuda a atitude das diversas culturas e religiões diante da morte. Para Epicuro e Sêneca a morte é um falso problema: "Quando eu existo – diziam – não existe a morte; quando a morte existe, eu não existo". A morte, pois, não nos diz respeito. Basta não pensar nela. Sto. Agostinho já antecipa a moderna reflexão sobre a morte. "Quando nasce uma pessoa – diz ele – fazem-se tantas hipóteses: talvez venha a ser bela, talvez feia; talvez rica, talvez pobre; talvez venha a viver muito tempo, talvez não... Mas, de ninguém se diz: Talvez venha a morrer, talvez não. Essa é a única coisa absolutamente certa na vida. Quando sabemos que alguém está doente de hidropisia (era a doença incurável daquele tempo, hoje são outras) dizemos: "Coitado, deve morrer; está condenado, não tem cura". Será que não deveríamos dizer o mesmo de cada um que nasce: "Coitado, deve morrer, não tem cura, está condenado"? Que diferença faz se é depois de um tempo mais longo ou mais curto? A morte é a doença incurável que contraímos ao nascer" (veja Sto. Agostinho, *Sermo Guelf.* 12,3; Misc. Ag. I, p. 482s). Talvez mais que uma vida mortal, a nossa é uma "morte vital", um viver morrendo (*Confissões I,6,7*).

Esse pensamento final foi retomado em tom secularizado por Heidegger que colocou a morte, de pleno direito, entre os objetos da filosofia. Definindo a vida e o homem como "um-ser-para-a-morte" (veja *Essere e Tempo,* § 51, Longanesi, Milano 1976, p. 308s), faz da morte não um acidente que põe fim à vida, mas a substância da própria vida, aquilo de que é feita. Viver é morrer. O homem não pode viver sem queimar e encurtar a vida, sem morrer a cada instante (é o caso de lembrar um verso que, frequentemente, se lia sobre o relógio nos claustros e que dizia sobre o passar das horas: "Vulnerant omnes, ultima necat" – "Todas ferem, a última mata"). Viver para a morte significa que a morte não é apenas o fim, mas também a finalidade da vida. Nascemos para morrer, para nada mais. É a mais radical contradição diante da visão cristã que vê no homem um ser para a eternidade. Na visão cristã a morte é o negativo entre dois positivos; poderíamos representá-la com o sinal de menos entre dois sinais de mais (+ - +). Aqui, pelo contrário, temos um positivo entre dois negativos (- + -). Não a vida, mas a morte é que tem a última palavra. O nada é a única possibilidade para o homem. Contudo, essa afirmação, a que chegou a filosofia depois de longa reflexão sobre o homem, não é nem escandalosa nem absurda. A filosofia está apenas fazendo o seu papel. Mostra qual seria o destino natural do homem se alguém não viesse salvá-lo. É uma confirmação negativa da revelação.

Em tempos recentes uma nova sabedoria, desconhecida dos antigos, ocupou-se com a morte: a psicologia. Há psicólogos que veem na "recusa da morte" a mola de todo o agir humano, da qual seria uma manifestação até mesmo o instinto sexual, que Freud considerava como a base de tudo (veja E. Becker, *Il rifiuto della morte*, Edizioni Paoline, Roma 1982). Mas, talvez ainda sejam os poetas a nos dizerem as palavras de sabedoria mais simples e mais verdadeiras sobre a morte. Um deles descreveu a situação e o estado de espírito do homem diante do mistério da morte e da sua muda inevitabilidade:

> "Si sta
> come d'autunno
> sugli alberi
> le foglie" (G. Ungaretti).[1]

O característico de toda essa sabedoria humana é que não traz nenhum consolo, não afasta o medo. É como o sol de inverno que ilumina, mas não aquece nem dissolve o gelo. Quando muito faz que nos compadeçamos de nossa sorte, suscitando ainda aquele sentimento de solidariedade na dor que Giovanni Pascoli condensou nos versos:

> "Uomini, pace! Nella prona terra
> troppo è il mistero..."[2]

---

[1] "Pois somos, como no outono, as folhas das árvores."

[2] "Homens, paz! Na instabilidade terrena, é muito o mistério."

Aliás, tudo que conseguimos saber da morte por essa consideração sapiencial ainda não é a morte, mas uma outra coisa.

Há pouco morreu um jovem sacerdote amigo meu. Quando o confessor foi levar-lhe o Viático, ele compreendeu e exclamou: "Chegou, então, minha última hora!". Quando me contaram essa frase, num instante pareceu-me intuir o sentimento de quem pronuncia essas palavras, certo que de fato é sua última hora, que dentro de poucos minutos já não estará ali. Naquele instante compreendi o abismo que há entre o falar da morte presente e o falar da morte ainda ausente. Só a morte de uma pessoa muito querida – a mãe, o pai, um filho – consegue, pelo menos até certo ponto, tornar a morte "presente", fazendo-nos provar um pouco do seu amargor. Quem chora a morte de uma pessoa querida chora um pouco sua própria morte. Relembrando a morte de sua mãe, Agostinho confessou: "Eu a chorei e por ela chorei; por mim chorei, chorando minha sorte" (*Confissões,* IX,12).

Todas as culturas, todas as épocas enfrentaram a morte como quem enfrenta um enigma insolúvel e envolvente, que se tenta decifrar a partir de todos os lados, que se formula em voz alta na esperança de encontrar uma chave para a sua solução. Mas esse é um enigma especial, que não fica esperando. Antes que o liquidemos, é ele que nos liquida e dissolve. Mais ou menos como se quiséssemos estudar os movimentos das ondas do mar equilibrados sobre uma prancha na crista de uma delas: antes ainda de nos pormos eretos já fomos arremessados na praia.

Lendo a descrição de alguns naufrágios célebres, parece-me estar diante da parábola da morte de uma pessoa. A nave, batida, ergue-se e dobra-se, tenta se opor à força das ondas, luta, volta à tona. Mas a água, implacável, arremete de todos os lados e, depois de cada espasmo, a nave afunda um pouco mais. Até que, como cansada de lutar, desiste e afunda, e "o abismo sobre ela fecha suas fauces" (veja Sl 69,16).

3
"Onde está, ó morte, a sua vitória?": a morte na consideração pascal

Também o Novo Testamento tem palavras "sapienciais" sobre a morte que, de modo geral, lembram as do Antigo Testamento. As palavras de Deus ao rico: *"Estúpido! Nesta mesma noite sua vida vai ser requisitada! Para quem vai ficar o que você ajuntou?"* (Lc 12,20) são tomadas do Eclesiastes e do Eclesiástico (veja Ecl 2,21; Eclo 11,19). Mas não é aí que está a novidade. Se Jesus tivesse feito apenas isso, não teria mudado muito a situação humana diante da morte. Foi quando morreu por nós sobre a cruz, "um morrendo por todos", que a realidade mudou radicalmente e a própria morte tornou-se uma realidade nova. Jesus tinha falado de sua morte como de um "êxodo" pascal (veja Lc 9,31), e João organiza todo o seu evangelho de modo que fique totalmente claro que a morte de Cristo sobre a cruz é a nova Páscoa. O evangelista chega a criar uma nova acepção para a palavra "Páscoa", de modo que possa significar a morte de Cristo: a Páscoa é *"a passagem de Cristo deste mundo para o Pai"* (veja Jo 13,1). Páscoa e morte de Cristo são de agora em diante duas realidades tão intimamente unidas que os primeiros cristãos, desconhecedores da filologia, iriam pensar que o termo *Páscoa* fosse derivado de *passio*, de paixão, e assim fosse chamada por causa da morte de Cristo.

Não é apenas o nome da morte que se muda, mas sua própria natureza. Disse o filósofo que o homem nasce para morrer. Essa frase, tomada literalmente, é a exata antítese da visão cristã; interpretada, porém, à luz da fé, é a formulação perfeita do próprio mistério cristão. Com efeito, já se disse de Cristo que ele "nasceu para poder morrer" (S. Gregório Nisseno, *Or. Cat.* 32; PG 45,80; Sto. Agostinho, *Sermo* 23A,3; CCL 41, p. 322). Ele, sendo Deus, tomou uma carne mortal para poder com ela lutar contra a morte e vencê-la. A morte – diziam os Santos Padres – agarrou-se a Cristo, devorou-o como costumava devorar todos os homens, mas não conseguiu "digeri-lo", porque nele estava Deus, e acabou assim sendo morta. "Com o Espírito que não podia morrer Cristo matou a morte que matava o homem" (Melitão de Sardes, *Sobre a Páscoa,* 66; SCh 123, p. 96). "A morte – escreve Sto. Efrém Siro – matou-o no corpo que ele tinha assumido. Com as mesmas armas, porém, ele triunfou sobre a morte. A divindade ocultou-se sob a humanidade e aproximou-se da morte, que matou e foi morta. A morte matou a vida natural, mas foi morta pela vida sobrenatural. Uma vez que a morte não podia engolir o Verbo sem o corpo nem o inferno podia acolhê-lo sem a carne, ele nasceu da Virgem para poder descer pelo corpo aos infernos" (Sto. Efrém Siro, *Sermão sobre o Senhor*, 3 s; ed. Lamy, I, p. 152s). A liturgia, oriental e latina, sintetizou essa visão dramática da redenção num versículo que não cansa de repetir durante o tempo pascal: "Morrendo, ele destruiu a morte".

A morte humana já não é a mesma de antes. Houve um fato decisivo. Pela fé se acolhe a incrível novidade que somente a vinda de Deus à terra podia provocar. A morte perdeu seu aguilhão, como serpente cujo veneno agora é capaz apenas de fazer a vítima dormir durante algum tempo, sem matá-la porém. *"A morte foi tragada pela vitória. Onde está, ó Morte, a sua vitória? Onde está, ó Morte, seu ferrão?"* (1Cor 15,55). De fato, Cristo "engoliu" a morte "pela sua vitória" para destruí-la. O versículo de Isaías, aqui citado por S. Paulo, dizia genericamente que Deus haveria de "eliminar a morte para sempre"; mas o Apóstolo deu-lhe um sentido mais preciso e dramático, aplicando-o à morte de Cristo.

Foi derrubado o último muro. Entre nós e Deus havia três muros de separação: o da natureza, o do pecado, o da morte. O muro da natureza foi derrubado pela encarnação, quando natureza humana e natureza divina se uniram na pessoa de Cristo; o muro do pecado foi abatido na cruz e o muro da morte na ressurreição.

4
"Um morreu por todos!"

A morte já não é uma muralha contra a qual tudo se quebra, mas tornou-se uma porta, uma passagem, literalmente uma Páscoa. Um "Mar Vermelho" graças ao qual podemos entrar na terra prometida. Pois Cristo não morreu somente por si; não apenas nos deixou o exemplo de uma morte heroica, como Sócrates. Fez muito mais. *"Um só morreu por todos, então todos passaram pela morte"* (2Cor 5,14). Era preciso que, *"em benefício de todo homem, Ele experimentasse a morte"* (Hb 2,9).

Afirmação extraordinária que só não nos faz gritar de alegria, porque não a levamos suficientemente a sério nem tão literalmente como o merece. Repito: estamos diante do poder de Deus! Jesus pode fazê-lo somente porque também ele é Deus. E somente ele o pode fazer. Batizados na morte de Cristo (veja Rm 6,3), fomos postos num relacionamento real, ainda que místico, com essa morte, tornamo-nos participantes dela, tanto que pela fé o Apóstolo tem a coragem de proclamar: *"Vocês estão mortos"* (Cl 3,3). Uma vez que agora pertencemos muito mais a Cristo que a nós mesmos (veja 1Cor 6,19-20), então também o que é de Cristo pertence-nos muito mais que aquilo que é nosso. Sua morte é mais nossa que nossa própria morte. Talvez seja isso que S. Paulo esteja sugerindo quando diz aos cristãos: "O mundo, a vida, *a morte*, o presente, o futuro ... tudo é de vocês, porque vocês são de Cristo" (1Cor 3,22-23). A morte é nossa, bem mais do que nós possamos ser da morte!

Também a nossa morte, pois, e não apenas a de Cristo, tornou-se uma Páscoa. Por isso a liturgia bizantina tem razão de, com S. Gregório Nazianzeno, exclamar no domingo de Páscoa: "Ontem eu morria com Cristo, hoje sou com ele vivificado; ontem fui com ele sepultado, hoje sou ressuscitado com ele" (S. Gregório Nazianzeno, *Or. I In S. Pascha*, 4; PG 36, 397). Sto. Ambrósio escreveu um opúsculo intitulado: *O bem da morte (De bono mortis)*, cujo título já é significativo da transformação acontecida. Entre outras coisas ele escreve: "A morte é passagem universal. É preciso que a transponhas corajosamente. A passagem, afinal, é da corrupção para a incorrupção, da mortalidade para a imortalidade, da perturbação para a tranquilidade. Não te espantes, pois, se seu nome é morte, mas alegra-te com as vantagens dessa bela passagem" (*De bono mortis*, 4,15; CSEL 32,1, p. 716s). Como vemos, ele dá para a morte a mesma definição que alhures dá à Páscoa. Como que a dizer: Chama-se morte, mas é uma Páscoa!

A morte já não é apenas uma terrível pedagoga que nos ensina a viver, uma ameaça e um escarmento. Tornou-se morte mistagoga, uma via de acesso ao coração do mistério cristão. O cristão que morre pode dizer com toda a verdade: "Realizo em minha carne o que falta na morte de Cristo", e: "Já não sou eu que morro, é Cristo que morre em mim".

Com isso descobrimos o que há de realmente terrível na eutanásia. Ela priva a morte do homem do seu nexo com a morte de Cristo; despoja-a de seu caráter pascal; leva-a de volta ao que era antes de Cristo e fora de Cristo. Arranca-a da órbita sobrenatural em torno do seu sol, fazendo-a retombar assim na escuridão e no gelo. A morte perde sua austera majestade e se torna vulgar, obra do homem, decisão de uma liberdade finita. O mais das vezes a discussão sobre a eutanásia concentra-se quase exclusivamente na questão da sua liceidade ou iliceidade moral. Um crente não pode senão ficar apavorado diante do que significa no plano da revelação e da graça.

5
Os cristãos diante da morte

Deixemos agora os princípios e passemos à prática. Como viveram os cristãos a novidade trazida por Cristo, a sua vitória sobre a morte? Não posso nem saberia fazer um apanhado completo. Uma coisa, porém, posso fazer e é a que mais importa: repensar o como eu mesmo apreendi a morte, como me foi ela transmitida no ambiente cristão no qual nasci e cresci. Esse afinal é certamente o meio de conhecimento mais seguro, por ser o mais direto. Pois que a morte, como a língua materna, nós aprendemos a conhecê-la vivendo, ouvindo como falam sobre ela, qual a atitude das pessoas quando ouvem nomeá-la.

Desse sentimento religioso do povo diante da morte, restam-me tantas recordações positivas e cheias de poesia. O toque plangente dos sinos avisava que alguém estava entrando em agonia; as pessoas, contra o costume, falando em voz baixa; as mulheres logo aparecendo vestidas de luto; o caminhar lento e triste acompanhando o carro fúnebre à sombra dos ciprestes; as notas gregorianas do "Dies Irae" um tanto estropiadas no canto do povo; junto ao leito dos moribundos as palavras pronunciadas em latim (cujo significado só mais tarde iria entender): "Parte deste mundo, alma cristã..." E se relembro das cerimônias durante as Missões ou no dia de Finados, ouço ainda o povo repetindo a toda a voz aquela cantilena simples mas tão cheia de verdade:

"Vanità di vanità
ogni cosa è vanità.
Alla morte che sarà?
Ogni cosa è vanità.
Se campassi anche cent'anni,
senza pene e senza affanni,
alla morte che sarà?
Ogni cosa è vanità".[3]

Sabemos todos, aliás, que fascínio os ritos

---
[3] "Vaidade das vaidades,/ tudo é só vaidade./ E na morte, que adianta?/ Tudo é só vaidade./ Fosse a vida de cem anos/ só de gozo e sem penas,/ e na morte, que adianta?/ Tudo é só vaidade."

e os símbolos cristãos da morte – sinos, sepulcros, cemitérios – exerceram no tempo do romantismo. A isso Chateaubriand dedica alguns dos mais belos capítulos do seu *O Gênio do Cristianismo*. Numa passagem ele imagina um ateu tentando demonstrar que Deus não existe. De repente sinos dobrando a finados o assustam, a pena escapa-lhe da mão e ele ouve com terror os dobres de morte que lhe parecem dizer: "Então, não existe mesmo Deus?" E que dizer das admiráveis orações pelos mortos? "Quão admiráveis são essas rezas! Umas vezes, gritos dolorosos, outras, exclamações de esperança: pranteia-se a morte, regozija-se, treme, tranquiliza-se, geme e suplica." "Não contente ainda com ter assim atendido a cada esquife, a religião coroou as coisas da outra vida com uma cerimônia geral, em que reúne a memória dos inumeráveis moradores dos sepulcros... Nesse dia solene, em que se celebram os funerais da família toda de Adão..." (*O Gênio do Cristianismo*, Trad. de Camillo Castello Branco, Lisboa 1945, II, p. 166-167).

Nesse contexto a morte se revestia de certa solene majestade. Certamente não era a morte vulgarizada. Mais tarde, porém, cheguei a perceber o que, do ponto de vista cristão, faltava nessa visão da morte, e porque tão rapidamente entrou em crise. Em grande parte era herança religiosa dos séculos XVII e XVIII, tempo que deu à Igreja tantos santos e que certamente não deve ser menosprezado, mas que sob muitos aspectos tinha perdido um contato vivencial com a Palavra de Deus, ficando assim bastante empobrecido. A concepção de morte que predominava era a sapiencial e não a mistérica. Não era por acaso que se citava muito o Eclesiastes, do qual se tiraram as palavras do canto popular que há pouco recordei. A morte era vista essencialmente como mestra da vida, escarmento dos vícios, pedagoga severa. Também as orações fúnebres dos célebres pregadores da época, como Bossuet, seguem todas o estilo das meditações sapienciais sobre a vaidade das coisas. O gosto pelo macabro, mesmo não sendo novidade na arte, espraiava-se em formas que nada tinham de artísticas: criptas, formadas com ossos artisticamente dispostos e caveiras por toda a parte, estavam abertas ao público. Os quadros de santos, pintados nessa época, todos trazem uma caveira, mesmo quando representavam S. Francisco de Assis que chamara a morte de irmã. Esse, aliás, é um dos critérios para a datação de quadros. O macabro dominava principalmente nos livros de meditação sobre a morte. O leitor era levado a observar, passo a passo, a obra devastadora da morte: quando chegava, logo depois, um dia, dois dias mais tarde, com todos os detalhes para provocar arrepios e medo.

6
Crise e redescoberta

Quase todos pudemos acompanhar pessoalmente a crise e o rápido desaparecimento desse tipo de religiosidade da morte. Contra ela voltaram-se os ataques da cultura não crente, marxista e não marxista. "Os cristãos vivem pensando na morte e não na vida. Estão mais voltados para o além do que para este mundo e suas necessidades. São infiéis à terra. Dissipam com o céu os tesouros destinados à terra!" Ou, então: "A Igreja usa o medo da morte para dominar as consciências!".

Assim, pouco a pouco, aconteceu com a ideia da morte o mesmo que acontecera com a ideia de eternidade: foi desterrada da pregação cristã. Como uma bandeira arriada. Todos podem constatar: já não se fala dos Novíssimos. Há uma espécie de má consciência e de desconforto que o impedem. A cultura secular e leiga, de seu lado, decidiu afastar o pensamento da morte. Transformou-o em tabu. Pessoas educadas não devem falar disso em público. Não tendo nenhuma resposta válida a dar sobre a morte, escolheu o silêncio, ou melhor, a conjuração do silêncio. Os cemitérios, tão logo possível, foram afastados para fora das cidades, para que não ficassem à vista. Pensavam que podiam eliminar a morte eliminando sua lembrança. Numa grande cidade italiana, depois da guerra, surgiu um novo bairro residencial de luxo. Decidiram que ali não devia existir nenhuma igreja, para que nem os sinos tangendo finados, nem os funerais perturbassem a sensibilidade dos moradores. Chegamos a tal ponto que, quando se fala da morte, há cristãos que logo tratam de tocar em madeira. Tempo atrás apareceu um cartaz para a luta contra o câncer. A ilustração mostrava uma mão fazendo figa. O texto dizia: "Não é assim que se vence o câncer!". Podemos dizer: não é assim que se vence a morte! Ela zomba de nossa conspiração de silêncio.

Como sempre, também desta vez a crise de um valor cristão tem duas causas: uma externa, proveniente dos ataques da cultura secular; a outra interna, devida a um ofuscamento no modo de viver e de anunciar esse valor. A retomada e a renovação de uma pregação cristã autêntica dos Novíssimos, particularmente da morte, evidentemente que não poderão ser apenas uma volta às formas do passado e à espiritualidade herdada dos séculos XVII e XVIII. É preciso salvar o que ali havia de bom, inserindo-o porém em um novo contexto que corresponda às necessidades da Igreja atual. Na Constituição do Vaticano II sobre a Liturgia, uma observação breve mas importante manda: "O rito das exéquias deve exprimir mais claramente a índole pascal da morte cristã" (*Sacrosanctum Concilium,* 81). Depois disso tem havido grande esforço para redescobrir aquela visão da morte que chamei de mistérica e pascal. Os prefácios e as orações pelos falecidos esforçam-se por traduzir na prática essa mesma visão. Na Constituição sobre a Igreja no Mundo Contemporâneo – *Gaudium et Spes* – o Concílio dedica uma atenção especial ao problema da morte e procura dar às inquietantes perguntas, que o homem ergue desde sempre, uma resposta baseada no mistério pascal cristão.

Em decorrência dessas diretivas tem havido, em alguns casos, frutos maravilhosos. Em ambientes e comunidades de fé viva, torna-se cada vez menos raro presenciar funerais que aos poucos se transformam em autênticas liturgias pascais, com todas as suas manifestações características: o canto do aleluia, a serenidade, a festa. Participando dessas liturgias parece-nos ver realizada a palavra de S. Paulo: "A morte transformou-se em vitória" (veja 1Cor 15,55). Isso mesmo quando se trata da morte trágica de jovens. Temos, então, um admirável testemunho cristão, uma verdadeira epifania da fé.

Um outro jovem sacerdote, morto recentemente de um tumor, pouco antes de morrer escreveu em seu testamento: "Desejo que os meus funerais sejam marcados por aquela sóbria embriaguez, que nasce da fé e nos permite viver confiadamente nas mãos do Pai. Gostaria que se cantasse o salmo oitavo, em que se glorifica a Deus que cuida do homem". E terminava fazendo suas as palavras de um outro salmo: "E agora, que posso esperar, Senhor? Só em ti está minha esperança. Calo-me e não abro a boca, pois é obra tua" (Sl 38,8.10).

Às portas de Milão há um cemitério de guerra inglês, junto a um belo parque verde. Entre as inscrições gravadas nos túmulos, todas muito bem trabalhadas e uniformes, há algumas que nos comovem com a fé simples e a serenidade que deixam transparecer, principalmente se lembramos das circunstâncias em que foram ditadas. Aqui estão algumas, recolhidas enquanto girava entre as tumbas: "A paz virá depois da batalha, e a noite será dia". "Amargo e breve seria o meu fim; foi melhor assim, Senhor." Sobre um outro túmulo, aludindo ao serviço militar em que o jovem encontrara a morte, seus pais fizeram escrever: "Chamado para um serviço mais sublime". E mais à frente, numa outra inscrição: "Suas penas acabaram-se, acabou para sempre a amargura, uma vida de total alegria agora começou". "Dorme sob a vigilante guarda." "Ainda haverá um tempo quando entenderemos." "Não choreis por quem Deus abençoou e acolheu no repouso do paraíso." "Pai, ao teu abraço amoroso deixamos agora este teu servo que dorme." "Sua alma está em completo repouso, onde Deus ordenou, sua cabeça repousa sobre o peito de Jesus: não mais penas nem dores!" "Repousa em paz, que ao Senhor agradecemos sempre ao nos lembrarmos de ti." E finalmente: "Dorme afinal, Raimond, descansa, que o Senhor te chamou para casa: achou que assim era melhor". Daquele cemitério saímos novamente serenos. Ainda que essas inscrições sejam anteriores ao Concílio, nem todas sejam de católicos, suas palavras exprimem a índole pascal da morte cristã.

7
Você acredita?

Nem por isso podemos estar contentes. Tudo isso é exceção. Faltam hoje aqueles gestos, aqueles sinais, aquelas palavras que por si sós antigamente traziam consigo toda uma visão, imprimindo-a indelevelmente nos corações. Talvez isso já nem seja possível. Naquele tempo, quando era menino, essas palavras eram praticamente as únicas que se destacavam sobre as do dia a dia, as únicas que todos ouvíamos e cantávamos. Depois do trabalho as pessoas vinham para a igreja com os ouvidos virgens. Hoje estamos cercados de palavras, de músicas, de imagens. Nenhuma fica muito tempo em nossa mente, uma espanta logo a outra. Esta é uma nova cultura, na qual devemos, porém, anunciar o Evangelho, sem ficar esperando que antes ela se modifique.

Que meios podemos usar? Ainda uma vez: o anúncio, o ministério da Palavra. De fato, a Palavra de Deus não deixou de ser "como o fogo ou como o martelo que arrebenta a rocha" (veja Jr 23,29). Não deixou de ser diferente das palavras humanas e mais forte.

Que devemos anunciar a nós mesmos e aos outros? "Anunciamos a tua morte, Senhor", dizemos na missa logo depois da consagração. Em se tratando da morte, o mais importante no cristianismo não é o fato de termos de morrer, mas de Jesus ter morrido. Para conquistar, o cristianismo não precisa apelar para o medo da morte. Basta-lhe a morte de Cristo. Jesus veio para libertar a humanidade do medo da morte, não para aumentá-lo. O filho de Deus – como lemos na carta aos Hebreus – assumiu carne e sangue como nós, *"para destruir, por sua morte, aquele que tem o poder da morte, isto é, o Diabo, e para libertar todos os que, durante toda a sua vida, estavam mantidos em escravidão pelo medo da morte"* (Hb 2,14-15). Foi um erro terrível, um lamentável equívoco pensar o contrário. Jamais se pregará o bastante sobre isso.

Devemos também criar em nós certezas elementares de fé, mas enraizadas em seu cerne, que iremos transmitir aos outros, não como uma simples comunicação de doutrina, mas como comunicação de algo vivido. Se Jesus morreu por todos, se "experimentou a morte por todos", então a morte já não é uma incógnita, aquele inexplorado de que tanto se fala. Como se diz: Diante da morte estamos sós; ninguém pode morrer em meu lugar; todos devem, sós e de uma só vez, atravessar essa terrível "ponte dos suspiros"; é estupidez dizer "a gente morre", como se fosse um acontecimento impessoal, porque sou eu que morro, e pronto, ninguém comigo ou em meu lugar.

Mas isso já não é totalmente verdade, porque alguém morreu em meu lugar. Quanto a isso é preciso que nos agarremos teimosamente à fé, sem recuar diante de nenhum assalto da incredulidade, venha de fora ou de dentro de nós mesmos. *"Se morremos com Ele, viveremos com Ele"* (2Tm 2,11). Se morremos "com ele": então é possível morrer a dois!

O problema é exatamente o proposto por Jesus a Marta: Você acredita, sim ou não? Ah, se tivesses estado aqui, disse Marta. E Jesus respondeu: *"Eu sou a ressurreição e a vida. Aquele que crê em mim, mesmo que tenha morrido, viverá... Você acredita nisso?"* (Jo 11,21-

26). Ser cristão quer dizer isso, e não esta ou aquela posição cultural, política ou semelhante. Significa estar unido a Cristo para a vida e para a morte. Membro de uma cabeça que, também por você, passou pela morte. Diante da morte o cristão é como alguém que, atravessando um rio, já está com metade do corpo fora da água. Está mais para lá do que para cá. "Um morreu por todos, portanto todos morreram!"

O que faz a morte tão singular é que não a podemos conhecer enquanto não a experimentamos, e quem a experimenta não pode falar sobre ela. Lembro-me do que dizia Epicuro: "Quando existo, não existe a morte; quando ela existe, não existo eu". Há um tanto de verdade nessa frase, ainda que não possamos concluir, como o fazia Epicuro, que a morte não existe nem deve ser temida. É realmente impossível antecipar nossa morte, domesticá-la, dosar, provar, como fazemos com tudo o mais. Está fora de nosso alcance. Não podemos neutralizá-la tomando-a em pequenas doses, como o famoso veneno de Mitrídates. É preciso enfrentá-la toda de uma só vez, *semel*, como diz a carta aos Hebreus (Hb 9,27). Morre-se uma só vez.

Terrível a seriedade da morte! No entanto, em Cristo também esse aspecto é diverso.

Ele experimentou a morte por mim, a minha morte. Caminhou à minha frente. Na medida em que me identifico com ele e cresço nele, aproprio-me de minha morte, e de certo modo a provo. Posso dizer com S. Paulo: *"Morro um pouco cada dia: quotidie morior"* (1Cor 15,31).

O mesmo apóstolo escreveu estas palavras cheias de luz: *"De fato, nenhum de nós vive para si mesmo, e nenhum de nós morre para si mesmo. Pois, se vivemos, é para o Senhor que vivemos; se morremos, é para o Senhor que morremos. Quer vivamos, quer morramos, pertencemos a nosso Senhor"* (Rm 14,7-8). Que significa isso? Que, depois de Cristo, a contradição máxima não está entre o viver e o morrer, mas entre o viver para si e o viver para o Senhor. Para quem vive para o Senhor, morte e vida são apenas duas maneiras diversas de estar com ele: primeiro no perigo, depois na segurança.

8
"Forte como a morte é o amor"

Temos, pois, agora um remédio eficaz contra o medo da morte. Desde que o mundo existe, não deixaram os homens de procurar remédios contra a morte. Um desses remédios é a prole: a sobrevivência nos filhos. Era o remédio principal para o crente do Antigo Testamento. Outro é a fama. "Não morrerei de todo (*non omnis moriar*) – dizia o poeta latino – restarão os meus escritos, a minha fama". "Ergui um monumento mais duradouro que o bronze" (Horácio).

Outro remédio ainda, ligado à ideologia marxista, chama-se "o gênero" ou "a espécie": o homem passa como indivíduo e como pessoa, mas sobrevive no gênero humano que é imortal.

Atualmente se difunde a crença num novo remédio: a reencarnação. Mas é uma loucura. Os que professam essa doutrina como parte integrante de sua cultura e religião, aqueles que sabem o que seja realmente a reencarnação, sabem que ela não é um remédio e um consolo, mas um castigo. Não é uma prorrogação concedida para o gozo, mas para a purificação. Reencarna-se a alma porque ainda tem algo a expiar, e para expiar deverá sofrer. De mais a mais, que crueldade! Todos já vimos mortes duríssimas, precedidas por um verdadeiro calvário, talvez durante meses e anos. À cabeceira de algumas dessas pessoas perguntei-me às vezes: alguém que cresse na reencarnação teria coragem de dizer a esta pessoa que tudo quanto fez para chegar até este ponto, todo esse trabalho de morrer, haverá um dia de recomeçar, repetindo-se sabemos lá quantas vezes?

Existe somente um remédio verdadeiro para a morte: Jesus Cristo, e ai de nós cristãos se não o anunciamos ao mundo. Na antiguidade clássica havia um gênero literário especial chamado de "cartas de consolação", ou simplesmente "consolação". Eram escritos dirigidos a pessoas aflitas pela morte de um parente. Em latim temos textos de Cícero, Sêneca e outros. Geralmente eram estes os motivos aduzidos como consolo: todos os homens são mortais; o importante não é ter vida longa, mas virtuosa;

o tempo cura todas as feridas; o sábio, porém, busca remédio não no tempo, mas na razão, pondo por si um fim à dor; quem choramos foi-nos dado apenas por empréstimo: mais que lamentar sua perda devemos ser gratos por o termos tido; a morte, de mais a mais, é o fim de todas as fadigas... Também o apóstolo Paulo teve ocasião de escrever uma dessas cartas de consolação. Cronologicamente é a primeira de suas cartas, escrita aos tessalonicenses, e ao que parece com a finalidade de consolar os fiéis, daquela igreja, abatidos com a morte de entes queridos. Escreve: *"Não queremos, irmãos, que vocês ignorem o que se passa com os mortos, para não ficarem tristes como os outros, os que não têm esperança"*. Mas o motivo de consolo que apresenta é bem diferente: *"Cremos que Jesus morreu e ressuscitou!"* (1Ts 4,13-14). Essas as palavras com as quais os fiéis devem "consolar-se mutuamente".

Que diferença também em relação ao Antigo Testamento! Diante da perspectiva de morte iminente, o rei Ezequias chora, geme, implora ao Senhor dizendo: *"Na metade dos meus dias, fui cortado do tear... Não é a morte que te canta hinos, somente quem vive te dá graças..."* (veja Is 38,10s). Parece-lhe que sua vida está sendo cortada como a trama num tear, que jamais será tecida. Na mesma situação diz o apóstolo: *"Desejo soltar-me para estar com Cristo... Morrer é lucro... Chegou o momento de soltar as velas"* (veja Fl 1,21-24; 2Tm 4,6s).

Aonde Paulo e tantos outros foram haurir essa extraordinária serenidade diante da morte? Na fé, sem dúvida, mas não apenas ali. Foram buscá-la principalmente no amor por Jesus Cristo. "Fui conquistado – diz – por Jesus Cristo; por isso tendo para o futuro" (veja Fl 3,12-13). Existe no mundo apenas uma força capaz de fazer frente à morte e até mesmo de vencê-la: *"É forte o amor como a morte (Fortis est ut mors dilectio)"* (Ct 8,6). Isso é verdade do amor humano, mas muito mais do amor divino. "Eu sei – diz Paulo – que nem a morte nem a vida poderão separar-nos do amor de Deus que está em Cristo Jesus nosso Senhor" (veja Rm 8,38). Também diante da perspectiva da morte podemos, pelo poder do amor de Deus, obter a vitória mais completa. O amor eleva o homem, como a água eleva um barco na comporta, para que chegue a um nível que lhe possibilite ir além... Em certos santos o amor por Cristo chegou a um nível tal que de fato se tornou mais forte que a morte, levando-

-os a exclamar: "Morro porque não morro" (S. João da Cruz). A união da alma com o Senhor, isto é, com a *cabeça*, tornou-se mais forte que a união com o próprio *corpo*.

9
Na escola da irmã morte

Deveríamos, por acaso, concluir que a consideração sapiencial da morte tornou-se assim inútil e que, tendo conhecido a morte *mistagoga*, já não precisamos da morte *pedagoga*? Não! A vitória pascal de Cristo sobre a morte faz parte do quérigma. Mas sabemos que o quérigma não anula, mas antes dá fundamentos para a parênese, isto é, para o convite à mudança de vida.

A consideração sapiencial da morte conserva, depois de Cristo, a mesma função que a lei depois da vinda da graça. Também ela serve para preservar o amor e a graça. A lei – está escrito – foi dada para os pecadores (veja 1Tm 1,9) e nós ainda somos pecadores, sujeitos à sedução do mundo e das coisas visíveis, tentados sempre a nos "conformar ao mundo". Como aconselha a *Imitação de Cristo*: "De manhã, pense que não chegará à tarde. Chegada a tarde, não ouse contar com a manhã" (I, 23). Por isso é que os Padres do deserto cultivavam o pensamento da morte, fazendo dele uma prática constante, uma espécie de base para sua espiritualidade, mantendo-o sempre presente por todos os meios. Um desses Santos Padres, que trabalhava fiando a lã, tinha o costume de, de tempos a tempos, simbolicamente deixar o fuso cair por terra e "antes de erguê-lo sempre pensava na morte" (*Apoftegmas,* do manuscrito Coislin, 126, n. 58). Eles eram enamorados do ideal de sobriedade, e o pensamento da morte é o mais apto para criar no homem esse estado de sobriedade. Esse pensamento derruba as ilusões, a embriaguez e os entusiasmos vazios. Coloca-nos na mais absoluta verdade.

Para olhar o mundo, a nós mesmos e todos os acontecimentos na plenitude da verdade não há ponto de observação melhor que o da morte. A partir dali tudo é visto em sua justa perspectiva. A um salmista, perturbado com a prosperidade dos ímpios, quase a ponto de abandonar os caminhos do Senhor, bastou entrar um dia no templo e começar a refletir sobre o fim deles. Num instante tudo estava claro e ele podia dizer: *"Quando meu coração se exasperou e os meus rins se dilaceraram, eu era um desvairado sem entendimento, um irracional diante de ti"* (Sl 73,21).

O mundo muitas vezes parece um incompreensível emaranhado de injustiças e de desordens, parecendo que tudo acontece ao acaso, sem nenhuma coerência ou finalidade. Como um quadro disforme, em que todas as cores foram lançadas a esmo. Muito frequentemente se vê triunfar a iniquidade e ser punida a inocência. Mas, para que não se pense que tudo é fixo e constante, eis que – como dizia Bossuet – às vezes se vê, pelo contrário, a inocência no trono e a iniquidade no patíbulo!

Há um ponto de onde se possa observar esse imenso quadro e decifrar seu significado? Sim, é o "fim", a morte, depois do que vem imediatamente o julgamento de Deus: *"Está marcado que os homens morram uma só vez, vindo depois o julgamento"* (Hb 9,27). Visto a partir desse ponto, tudo ganha seu justo valor. A morte é o fim de todos os privilégios, de todas as diferenças e injustiças que existem entre os homens. Não é a morte que é absurda, mas a vida sem a morte.

Tudo isso vale também para o "pequeno mundo", o microcosmo que é a vida de cada um. Olhar a vida a partir da morte ajuda extraordinariamente a viver bem. Está você angustiado com problemas e dificuldades? Adiante-se um pouco, coloque-se no ponto exato e olhe tudo isso a partir do seu leito de morte. Como, então, gostaria de ter agido? Que importância teria dado a essas coisas? Faça assim e estará salvo! Desentendeu-se com alguém? Olhe para isso como se estivesse para morrer. Gostaria de ter vencido, ou de se ter humilhado perdoando?

A morte pedagoga protege a graça e está a serviço da morte-mistério também de um outro modo. Impede que nos prendamos às coisas, que fixemos aqui embaixo a morada de nosso coração esquecendo que "não temos aqui residência permanente" (veja Hb 13,14). Como diz um salmo, o homem *"ao morrer nada levará consigo, e sua opulência não baixará com ele"*. Na antiguidade era costume sepultar os reis com todas as suas joias. Isso levava naturalmente à violação dos túmulos. Encontraram-se algumas tumbas onde, para afastar os profanadores, havia uma inscrição sobre o sarcófago: "Aqui estou só eu". Como isso era verdade, ainda quando a sepultura estava cheia de joias! Por que continuar lançando tantas raízes, se a árvore deverá ser logo cortada?

O mesmo filósofo, que definiu o homem como um "ser-para-a-morte", propôs como remédio a de-liberação ou a de-cisão (*Entscheidung*), o de-cidir-se pela morte, isto é, no sentido etimológico da palavra, o cindir, o cortar todos os laços, o separar-se passo a passo de todo o passado, de tudo que foi, de tudo que fizemos ou fomos, para estar prontos. "Livres de", "livres para". Esse projeto jamais é tão belo e justificado do que quando transferido do plano filosófico para o evangélico e espiritual.

10
"Estejam vigilantes"

A morte pedagoga tem ainda um outro valor para nós, porque ensina a estarmos vigilantes e preparados. Um célebre escritor do século passado viveu, com relação à morte, uma experiência talvez única e que merece ser lembrada. Acusado de conspiração contra o Estado, tinha sido condenado à morte com alguns companheiros. Os condenados, encapuzados e amarrados, foram levados ao lugar da execução. Ajoelhados, o sacerdote pronunciou as palavras rituais de consolação; o comandante do pelotão deu as ordens: "carregar!", "apontar!". Nesse momento o golpe teatral previsto pela autoridade, mas inesperado para os condenados: chega a galope um mensageiro do czar com o perdão. O escritor (ninguém menos que Dostoiévski) descreveu mais tarde num romance os sentimentos e pensamentos de um condenado à morte enquanto levado da prisão para o lugar da execução. Não sabemos se os pensamentos que descreve foram os que teve naquele dia, ou os que se esforçava por não ter, ou tinha medo de ter. O certo é que é muito instrutivo conhecer essa sua descrição. O condenado sendo levado à forca vai pensando: "é preciso percorrer ainda uma longa rua, a passo, diante de milhares de espectadores, depois se dobra para outra rua, ao fim da qual somente se encontra o lugar fatal. No começo do trajeto, o condenado, em cima da carreta ignominiosa, deve imaginar que tem ainda muito tempo para viver. Mas as casas se sucedem, a carreta avança, não tem importância, está ainda longe a esquina da segunda rua. Olha ele corajosamente à direita e à esquerda aqueles milhares de curiosos indiferentes que o encaram e sempre lhe parece que é um homem igual a eles. E eis que dobram para a segunda rua, mas não importa, resta um bom pedaço de caminho. Enquanto vai vendo desfilarem as casas, o condenado pensará: 'Ainda há muitas'. E assim até o local da execução" (*Os irmãos Karamázovi,* livro XII, cap. IX; trad. N. Nunes e O. Mendes; Aguilar, Rio 1975, p. 1055).

Se fosse apenas o caso de um condenado à morte, interessaria a bem poucos. Mas lembramos mais atrás o pensamento de Sto. Agostinho, segundo o qual na realidade todos somos condenados à morte pelo simples fato de termos nascido. Esse condenado, pois, representa todos nós. Também aqui seria preciso gritar como Nató para Davi: "Você é esse homem!" Você é esse condenado à morte, que se vai aproximando do lugar e do tempo da execução, dia após dia, e se ilude imaginando que ainda tem muita estrada a percorrer, longos anos, depois longos dias e, finalmente, quando está mesmo chegando o fim, longas horas. E assim não pensa jamais no principal.

Na morte, realiza-se a mais estranha combinação de dois opostos: certeza e incerteza. É ao mesmo tempo a coisa mais certa e a mais incerta. A mais certa é *que* morreremos; a mais incerta é *quando* acontecerá. *"Estejam, pois, vigilantes, porque vocês não sabem nem o dia nem a hora"* (Mt 25,13). Cada momento pode ser o momento. Um dia Davi, perseguido por Saul, teve uma exclamação que me ficou na memória pela sua verdade universal: *"Pela vida do Senhor... estou apenas a um passo da morte"* (1Sm 20,3). É sempre verdade, também agora e para cada um de nós: estamos a um só passo da morte. Sua possibilidade pesa sobre nós a cada instante. A morte está na esquina. Quantos transpõem esse passo agora mesmo! Calcula-se que milhares de pessoas morrem a cada minuto, muitos que não pensavam na morte mais do que pensamos neste momento...

Irmã morte é na verdade uma boa irmã mais velha. Ensina-nos tantas coisas, basta que a escutemos docilmente. A Igreja não tem medo de enviar-nos à sua escola. Na liturgia de Quarta-feira de Cinzas há uma antífona de tons fortes, que soa ainda mais forte no texto latino, principalmente se em canto gregoriano: "Emendemos para melhor o que de mau fizemos por ignorância. Não aconteça que, chegando improvisamente à hora da morte, procuremos e não achemos tempo para a penitência". Uma quaresma, um dia, uma hora apenas, uma boa confissão: como veremos tudo isso de maneira diferente naquela hora. Como o haveríamos de preferir a cetros e reinos, à longa vida, a riquezas e saúde!

A morte mistagoga não expulsa a morte pedagoga, mas a procura e honra, do mesmo modo que a graça não expulsa a lei, mas a procura e a ela prazerosamente se submete, sabendo que nos defende de nosso maior inimigo que é nossa volubilidade e irreflexão. A morte pedagoga chegou a fazer santos. Houve na Idade Média um jovem brilhante e cheio de belas esperanças que, contemplando um dia o cadáver de um parente, ouviu uma voz que lhe dizia: "O que és, eu era; o que sou, serás!". Esse pensamento abalou tanto aquele jovem mundano que fez dele um santo: S. Silvestre, abade.

11
"Seca a erva, fenece a flor..."

Estou pensando num outro setor, além do espiritual e ascético, em que temos necessidade urgente da irmã morte como mestra: a *evangelização*. O pensamento da morte é quase que a única arma que nos resta para sacudir o torpor de uma sociedade opulenta, à qual sucede o mesmo que ao povo eleito depois de libertado do Egito: *"Comeu e saciou-se; ficou gordo e poderoso, e voltou as costas a Deus, seu Criador, e desprezou o Rochedo que o salvou"* (Dt 32,15). Quando os cidadãos de uma sociedade já não se sentem retidos por nenhum freio, quando já não há outros meios para evitar o caos, que se faz? Apela-se para a pena de morte. Não digo que isso seja justo; quero apenas dizer que, num outro sentido, também nós devemos apelar novamente para a "pena de morte". Recordar novamente aos homens essa pena antiga, que jamais foi abolida: *"Tu és pó e ao pó hás de voltar"* (Gn 3,19). "Memento mori": lembre-se de que você deve morrer!

Num momento delicado do povo eleito, Deus disse ao profeta Isaías: "Grita!" E o profeta respondeu: "Que devo gritar?" E Deus: Que *"toda a criatura é capim e todo o seu encanto é como a flor do campo. O capim seca, a flor fenece quando o sopro do Senhor os atinge"* (Is 40,6-7). Creio que hoje Deus esteja dando a mesma ordem aos seus profetas, e o faz porque ama seus filhos e não quer que "como ovelhas sejam levados ao abismo, tendo a morte como pastor" (Sl 48,15).

Um historiador grego da antiguidade conta que o rei Dámocles quis mostrar a um súdito que invejava sua posição como vive um rei. Convidou-o para um banquete suntuoso, um banquete verdadeiramente régio. Cada vez mais o homem achava invejável a vida de rei. Até que Dámocles mandou que olhasse para cima. Sobre sua cabeça estava a ponta de uma espada pendente de apenas uma crina de cavalo! Imediatamente o homem empalideceu, parou de comer com o bocado preso na garganta, tremendo de medo. Os pregadores cristãos são chamados a uma tarefa semelhante, por mais ingrata que seja: fazer que as pessoas olhem para cima, principalmente as que só pensam em atordoar-se com sexo, droga, bebida, barulho, dinheiro, para que também elas vejam a espada de Dámocles que pende sobre sua cabeça.

A própria morte é uma grande pregadora. Prega "oportuna e inoportunamente". Prega dentro e fora de casa, nos campos e nas cidades, nos jornais e na televisão. Até mesmo, como já o ouvimos, com as folhas das árvores no outono. Ninguém consegue impor-lhe silêncio. É forçoso ouvi-la. Que grande aliada nela temos, bastando dar-lhe a colaboração de nossa voz e reunindo ouvintes ao seu redor!

12
A "segunda morte"

Mas, dirá alguém, voltamos então a usar a morte como espantalho? Por acaso não veio Jesus libertar os que eram "prisioneiros do medo da morte"? Sim, mas é preciso experimentar esse medo para poder ser dele libertado. Jesus liberta do temor da morte quem a teme, não quem alegremente ignora que deve morrer. Veio para infundir medo a quem não o tem, e tirá-lo de quem o tem. Veio para ensinar o medo da morte eterna àqueles que apenas conheciam o medo da morte temporal. Se os homens não se deixam levar ao bem pelo amor da vida eterna, que pelo menos sejam levados a evitar o mal pelo medo da morte eterna.

"Segunda morte", assim a denomina o Apocalipse (Ap 20,6). Que vem a ser a segunda morte? É a única que realmente mereça o nome de morte, porque não é uma passagem, uma Páscoa, mas um fim, um terrível ponto final. Não é nem mesmo o puro e simples nada. Não. É um desesperado precipitar-se no nada para fugir de Deus e de si mesmo, sem jamais consegui-lo porém. É uma morte eterna, um eterno morrer, uma morte crônica. Isso tudo, porém, é nada diante da realidade. Disse alguém que faz parte de nossa realidade de pecadores termos-lo uma ideia tão pálida do pecado. Por isso acho que faz parte do nosso ser no tempo, do nosso viver atual, nós o termos uma ideia tão pálida da eternidade. No Apocalipse lemos também: *"Naqueles dias, os homens procurarão a morte, mas não a encontrarão; desejarão morrer, mas a morte vai fugir deles"* (Ap 9,6). Reviravolta singular! Antes, enquanto viviam, tentavam afastar de si a morte que inapelavelmente se aproximava: agora procuram-na ansiosamente, mas ela foge sempre.

É para salvar os homens dessa desgraça que devemos novamente pregar sobre a morte. Quem mais do que Francisco de Assis conhece o rosto novo, pascal, da morte cristã? Sua morte foi realmente uma passagem pascal, um *"transitus"*, e com esse nome é recordada por seus filhos na vigília de sua festa. Quando se sentiu próximo do fim, o Poverello exclamou: *"Seja bem-vinda, morte minha irmã!* (Celano, *Vita seconda* 153, 217. *Fonti Francescane* 808-809). E, no entanto, no seu *Cântico das Criaturas*, lado a lado com palavras dulcíssimas sobre a morte, há algumas das mais terríveis também:

> *"Louvado sejas, meu Senhor,*
> *pela nossa irmã a Morte corporal,*
> *da qual nenhum homem vivente*
> *pode escapar:*
> *ai dos que morrem em pecados*
> *mortais;*
> *felizes os que ela encontrar*
> *em tua vontade santa,*
> *a eles não fará mal algum*
> *a morte segunda".*

Ai daqueles que morrerem em pecados mortais! Na sua carta a "todos os fiéis" o mesmo santo assim descreve, num quadro impressionante, os últimos instantes de um moribundo impenitente: "Aproxima-se a morte, acorrem os parentes. Fazem logo vir o padre. O sacerdote pergunta ao moribundo: 'Queres receber a absolvição dos teus pecados?' Ele diz que sim. 'Queres reparar com teus bens as injustiças cometidas?' 'Não', responde ele. 'E por que não?' 'Porque entreguei todos os meus bens aos meus parentes.' E já não pode continuar falando e logo está morto. Então os parentes apoderam-se do patrimônio, dividem-no entre si e dizem: 'Maldita seja a sua alma, porque podia ter juntado muito mais para nos deixar, e não o fez!'" (*Lettera a tutti i fedeli* 12; FF 205).

O ferrão da morte é o pecado, diz o apóstolo (1Cor 15,56). O que dá à morte o terrível poder de angustiar o homem e de enchê-lo de medo é o pecado. Para quem vive em pecado mortal a morte tem ainda seu ferrão, seu veneno, como antes de Cristo e, por isso, fere, mata, lança na Geena. Não temam – diria Jesus – a morte que mata o corpo e depois nada mais pode fazer. Temam aquela morte que, depois de ter matado o corpo, pode lançar na Geena (veja Lc 12,4-5). Arranque o pecado e você terá arrancado o ferrão da morte!

Que não se faz para viver alguns anos a mais – dizia Sto. Agostinho – até mesmo apenas alguns dias, talvez. Aliás, para viver um pouquinho de tempo a mais, às vezes se joga fora o que poderia dar a felicidade eterna.

Jogam-se fora a fé, a graça. Talvez apenas para provar uma emoção a mais nesta vida. "Ah, pobre gênero humano!", exclama o santo falando dessa triste realidade (Sto. Agostinho, *Sermo* 344, 5; PL 38, 1515).

13
Ocasião que não se deve perder

Nesta nossa meditação contemplamos a morte com os olhos da natureza e com os da graça, do ponto de vista sapiencial e pascal. Há um momento em que esses dois aspectos se encontram e a Igreja tem uma oportunidade única para proclamar a grande novidade cristã sobre a morte: os funerais. As passagens mais importantes da vida humana – nascimento, casamento, morte – em todas as culturas são marcadas por ritos especiais, chamados por isso mesmo de "ritos de passagem". No ambiente cristão esses ritos são: o batismo, o matrimônio, os funerais. Desses ritos religiosos, o menos mundanizado, aquele em que as pessoas ainda estão mais atentas, mais dispostas a refletir e menos distraídas, é exatamente o rito dos funerais. A Igreja e o clero podem perder essa oportunidade (e às vezes realmente a perdem) de dois modos: ou pela incapacidade de colocar-se diante da morte numa atitude genuinamente humana, ou pela incapacidade de ir além dessa atitude. Em outras palavras: ou porque não levam em conta a natureza, ou porque não levam em conta a graça.

Um dia ouvi, na BBC de Londres, um programa interessante intitulado: "Ritos seculares: os funerais". O programa começava com as palavras do celebrante de um funeral, tendo por fundo música de Mozart. Dizia o oficiante: "O conforto de ter um amigo, uma pessoa querida, pode ser-nos roubado; não, porém, o conforto de ter tido um amigo. O mundo é uma comunidade e Margareth (o nome da falecida) foi uma parte de nós. A vida humana fundamentalmente consiste em cuidarmos mutuamente uns dos outros..." Nesse ponto a voz do oficiante era coberta pela do apresentador do programa que comentava: "Nobre música de Mozart, mas nada de hinos ou salmos" – e logo depois – "Fé no espírito do homem, não porém no Espírito Santo!" O oficiante continuava: "Não devemos estar tristes. Viver uma boa vida, que satisfaz, durante setenta e oito anos é algo pelo qual devemos ser gratos..." E a voz do apresentador:

"Há muita dignidade, mas nada de dogma nem de divindade. Este é um funeral secular".

Que vem a ser um funeral "secular"? A continuação do programa mostrava um fenômeno que em alguns países europeus, como na Holanda, atingiria metade da população; noutras regiões abrangeria menos gente, mas cada vez mais. Por ocasião da morte de uma pessoa da família, procura-se um "humanista" que organiza o funeral "secular", geralmente no crematório. Nesse funeral não se fala de Deus nem de vida eterna, mas apenas da pessoa falecida, das suas qualidades, interesses, hobbies etc.

Sociólogos e homens de cultura convidados a explicar o fenômeno não duvidam em apontar como causa a fé. Segundo um deles, "O clero tem a tendência de supor nas pessoas uma fé dogmática definida, bem maior que a existente. Muitos sentem-se incomodados, inautênticos, ao participar de ritos que exprimem uma fé doutrinal precisa que não estão dispostos a professar. Se pudessem interpretar os ritos de maneira puramente simbólica, não haveria problema; mas o clero exige um compromisso doutrinal preciso e até julga que seja hipocrisia solicitar os ritos religiosos sem querer aceitar seu significado de fé.

A proposta subjacente é clara: a Igreja deve evitar nos funerais qualquer aceno a Deus, à vida eterna, a Jesus Cristo morto e ressuscitado; seja apenas uma "natural e experiente organizadora dos ritos de passagem". Em outras palavras, a fé demasiada é que estaria atrapalhando e afastando as pessoas dos funerais religiosos. Mas, as entrevistas feitas com as pessoas interessadas, presentes a esses funerais seculares, mostram uma realidade bem diferente da imaginada pelos estudiosos e teóricos da sociedade. Muitas pessoas confessam que recorreram aos funerais seculares simplesmente porque tiveram medo de repetir a experiência vivida em anteriores funerais tradicionais: ritos anônimos, frios, com celebrante que não procurava informar-se sobre o falecido, chegando até a se confundir quanto ao nome. A razão, pois, não era a fé em excesso, mas a carência de humanidade.

14
Jesus chorou

Aquele programa de rádio impressionou-me muito e fez-me refletir. A solução para o fenômeno da secularização da morte certamente não está em deixar de lado a fé, a morte mistagoga. A que se reduz a morte "secularizada"? Ouvindo aquele oficiante humanista que decantava seu funeral "feito cada vez sob medida, centrado sobre a pessoa e não sobre Deus" (*person-centered, not God-centered*), que celebra o indivíduo e seu valor único, eu tinha vontade de chorar. Para que serve um funeral assim? Para consolar os vivos? Mas, com quê? Nada mais faz que tornar ainda mais evidente a derrota total do homem diante da morte. É bem pobre paliativo. Da necessidade faz virtude, como tantas vezes acontece no pensamento ateu. Como quando se exalta a absoluta liberdade do homem e depois se descobre que ela se reduz a aceitar livremente, com estoica resignação, o destino.

O homem pós-cristão volta a refugiar-se na consideração sapiencial da morte que não traz nenhuma mudança à situação. "Viver uma boa vida, que satisfaz, durante setenta e oito anos é algo pelo qual devemos ser gratos..." Ser gratos, mas a quem?

A resposta justa ao problema está em proclamar a vitória de Cristo, a esperança da ressurreição, a morte-mistério pascal, mas fazer essa proclamação como Jesus a fazia. Ele começou chorando com a viúva de Naim que levava ao túmulo seu filho único, com Marta e Maria em luto por seu irmão. Jesus que chora com Marta e, ao mesmo tempo, proclama com poder: "Eu sou a ressurreição e a vida; quem crê em mim, ainda que esteja morto, viverá", mostra-nos como deveria ser um funeral cristão: cheio de fé e, ao mesmo tempo, de humanidade.

É preciso, pois, que os funerais cristãos exprimam da melhor maneira possível a "índole pascal" mencionada pelo Concílio. Mas, para que isso aconteça, será preciso que a Igreja os acompanhe com aquela solicitude e aquela sensibilidade humana que tanto confortam as pessoas nesses momentos, fazendo que se abram à mensagem. Também por ocasião da morte deve a Igreja dar "a razão da esperança que a anima" (veja 1Pd 3,15); mas – como logo acrescenta a primeira carta de Pedro – "com mansidão e respeito", atenta aos sentimentos dos destinatários da mensagem.

Não se pode exigir, é claro, que um pároco sozinho acompanhe todas as pessoas no momento da morte, que visite pessoalmente a família, que se informe sobre a pessoa falecida etc. Muitas vezes é a própria família que torna tudo isso difícil com seu afastamento habitual da vida paroquial. Esse poderia ser um setor para se valorizar mais a colaboração dos leigos. Como se confia aos leigos o ministério extraordinário da Eucaristia, assim se poderia, em certos casos, confiar a eles também o ministério da "consolação", da visita aos moribundos em nome da comunidade cristã.

Penso que nenhum descrente ficaria ofendido ouvindo falar de Jesus Cristo ou da vida eterna no funeral de uma pessoa querida, desde que essas palavras sejam acompanhadas de genuína participação na sua dor, de respeito e principalmente de fé autêntica. A fé, quando verdadeira e vivida, jamais "chocou" alguém.

Pelo contrário, nesses casos o não crente muitas vezes é levado a dizer consigo mesmo: "Como seria belo se assim fosse de fato!". O que já é um passo em direção à fé.

O problema, pois, não está no "excesso de fé" por parte da Igreja; muito pelo contrário. Certamente nós cristãos não pecamos por excesso de entusiasmo diante da perspectiva da vida eterna; se pecamos, será por falta. Um homem, que se apresentava como não crente, confidenciava a um sacerdote amigo: "Não frequento a Igreja. Mas de vez em quando acontece que, por ocasião da morte de um conhecido, devo ir ao cemitério. Lá ouço sacerdotes e pastores. Eles dizem: 'Este homem, esta mulher irá ressuscitar!' Olho as pessoas ao meu redor. Nenhuma delas estremece nem parece impressionada. Mas eu sei que são pessoas que acreditam. Eu, que não creio nessa loucura, penso comigo que, se acreditasse, levaria um choque terrível. O senhor me entende? Seria o caso de a gente gritar, saltar, rompendo com tudo quanto se fazia antes. Se eu acreditasse, eu daria vivas que iriam ecoar até os confins da terra. E, no entanto, tudo isso não significa nada para aquelas pessoas, que ali estão impassíveis".

15
Nascidos para poder morrer

Não esperemos, porém, pelo nosso funeral, que pode mudar os vivos mas não os mortos. Instituindo a Eucaristia Jesus antecipou sua morte. Fez como os antigos profetas que, com suas ações simbólicas – como o partir um cântaro –, não apenas anunciavam o que estava para acontecer, mas o antecipavam inserindo o futuro na história. Assim também Jesus, partindo o pão e oferecendo o cálice, antecipou sua morte dando-lhe o sentido que lhe queria dar; viveu-a na intimidade de seus discípulos, antes de ser arrastado pelos acontecimentos exteriores e pela turba vociferante de seus inimigos, que dariam à sua morte um significado totalmente outro.

Podemos fazer o mesmo. Aliás, Jesus inventou esse meio para fazer-nos participar de sua morte, para nos unir a si. Participar da Eucaristia é o modo mais verdadeiro, mais justo e mais eficaz de "preparar-nos para a morte". Ali celebramos também nossa morte oferecendo-a dia a dia ao Pai, porque Cristo "morreu por todos e, portanto, todos morreram". Na Eucaristia podemos elevar ao Pai o nosso "amém, sim" diante do que nos espera, diante do tipo de morte que quiser permitir para nós. Ou melhor: podemos fazer do próprio Jesus o nosso "amém a Deus" (veja 2Cor 1,20). Na Eucaristia fazemos um testamento; decidimos a quem deixamos a vida, por quem morremos.

Já disse que a definição do homem como "ser-para-a-morte" se aplica perfeitamente a Cristo que nasceu "para poder morrer". Mas aplica-se também aos cristãos. Por que nascer, se devemos morrer?, pergunta o descrente. Quem nos atirou nesta existência?, pergunta o filósofo existencialista. Na fé encontramos a resposta. Nascemos para poder morrer, mas isso é um privilégio, e não uma condenação. Recebemos a vida como dom, para termos algo único, precioso, digno de Deus, algo que lhe pudéssemos também nós oferecer como dom e sacrifício. Que uso mais digno podemos imaginar para a vida, senão transformá-la em dom de amor ao Criador que nos ama? Podemos fazer nossas as palavras do sacerdote no ofertório da Missa e dizer: "Da vossa bondade recebemos o dom da vida; agora o apresentamos para que se transforme também num sacrifício vivo, santo, agradável a vós" (veja Rm 12,1).

Desse modo imitamos a Cristo que foi "obediente até a morte" (veja Fl 2,8), isto é: até aceitar a morte por obediência ao Pai. Em Cristo temos o poder de transformar nossa maior derrota em nossa maior vitória, se com ele a aceitamos em espírito de adesão à vontade do Pai. O senhor diz ao servo: Venha, e ele vem. Jesus diz ao discípulo: "Passemos para a outra margem do lago" (Mc 4,35), e o discípulo imediatamente entra com ele na barca. A Bíblia oferece-nos o exemplo de um homem que morreu assim, por obediência: "*Moisés, o servo do Senhor, morreu ali, na terra de Moab, conforme a vontade do Senhor*" (Dt 34,5). Morreu sem ter visto a terra prometida; morreu porque o Senhor assim mandara. Morreu na obediência, como tinha vivido na obediência.

Pudéssemos também nós encerrar nossos dias no espírito do "Nunc dimittis" de Simeão, dizendo: "Agora, Senhor, podeis deixar ir em paz o vosso servo" (Lc 2,29), ou com os sentimentos do apóstolo que escrevia: "O momento de minha partida chegou. Empenhei-me no bom combate até o fim, terminei minha corrida, guardei a fé" (2Tm 4,6s).

16
"Venha para o Pai!"

Para isso, porém, precisamos do Espírito Santo. Está escrito que Cristo ofereceu-se a Deus "impelido pelo Espírito eterno" (Hb 9,14). Foi o Espírito Santo que suscitou na alma do Redentor aquele impulso de autodoação que o levou a aceitar a morte como sacrifício. A caminho de Roma onde deveria morrer mártir, Sto. Inácio de Antioquia escreveu uma carta em que dizia entre outras coisas: "Existe em mim uma água viva que murmura e diz: Venha para o Pai!" (*Aos Romanos* 7,2). Que era essa "água viva" e como podia dizer "Venha para o Pai"? Se diz "Venha", é porque se trata de alguém que já foi na frente; se diz "para o Pai", é um filho que está falando. Na realidade é o Espírito de Jesus, o "Espírito do Filho" que assim fala. Jesus morreu por amor e, agora, encoraja-nos a segui-lo sem temor.

Com isso eliminamos de nossa vida todo o medo e toda a angústia natural diante da morte? Não, mas não é isso o importante. A superação não acontece no âmbito da natureza, mas no âmbito da fé e por isso é possível que a natureza não seja afetada. O próprio Jesus quis experimentar em sua alma "uma tristeza mortal" diante da morte, e explicou-a dizendo: *"o espírito está pronto, mas a carne é fraca"* (Mt 26,41). Podemos fazer mesmo dessa angústia algo a oferecer ao Pai na Eucaristia, com Jesus. Cristo remiu também o nosso medo! Houve santos que se mantiveram serenos diante da morte, como S. Francisco de Assis, e outros que sofreram grandes angústias, até mesmo entre os filhos do Poverello. Um desses foi S. Leopoldo Mandic que, como ouvi contar, se apavorava tanto com a morte que às vezes nem conseguia celebrar a Missa dos defuntos. No seu drama *O diálogo das carmelitas* (baseado no romance de Gertrud von Le Fort, *A última no cadafal*so) Bernanos mostra essas duas reações possíveis diante da morte. A irmãzinha Bianca, durante a revolução francesa, tinha fugido do convento, apavorada com a perspectiva da morte; mas acaba vencendo o medo e sobe cantando ao cadafalso;

morre mártir de Cristo na guilhotina, a última das executadas. Quanto a isso, cada um tem o seu dom. Também aqui vale aquele princípio: *"Basta-lhe a minha graça: pois o poder se manifesta na fraqueza"* (2Cor 12,9).

O que conta é a fé. A cada discípulo Jesus ressuscitado repete o que disse a Marta: *"Eu sou a ressurreição e a vida. Aquele que crê em mim, mesmo que tenha morrido, viverá. E todo aquele que vive e crê em mim não morrerá nunca. Você acredita nisso"* (Jo 11,25-26). Felizes os que, por graça de Deus, podem responder do fundo do coração: "Sim, Senhor, eu creio!".

Índice

1. "Ensina-nos a contar os nossos dias..." 7
2. Ser-para-a-morte 11
3. "Onde está, ó morte, a sua vitória?": a morte na consideração pascal 17
4. "Um morreu por todos!" 21
5. Os cristãos diante da morte 25
6. Crise e redescoberta 31
7. Você acredita? 37
8. "Forte como a morte é o amor" 43
9. Na escola da irmã morte 49
10. "Estejam vigilantes" 55
11. "Seca a erva, fenece a flor..." 61
12. A "segunda morte" 65
13. Ocasião que não se deve perder 71
14. Jesus chorou 75
15. Nascidos para poder morrer 79
16. "Venha para o Pai!" 83

A marca FSC® é a garantia de que a madeira utilizada na fabricação do papel deste livro provém de florestas que foram gerenciadas de maneira ambientalmente correta, socialmente justa e economicamente viável.

Este livro foi composto com as famílias tipográficas Allegro, Calibri, Cascade e Times New Roman e impresso em papel Offset 75g/m² pela **Gráfica Santuário.**